AF371156

MAGASIN THÉATRAL

PIÈCES NOUVELLES

JOUÉES SUR TOUS LES THÉATRES DE PARIS.

THÉATRE DE LA PORTE-SAINT-MARTIN.

LES DEUX AMOUREUX

DE LA GRAND'MÈRE.

Comédie-vaudeville en un acte, par Mme ANAIS SÉGALAS.

PARIS.

ADMINISTRATION DE LIBRAIRIE THÉATRALE,
Boulevard Saint-Martin, 12.
ANCIENNE MAISON MARCHANT.

1850

MAGASIN THEATRAL

Pièces à 50 Centimes.

L'ALCHIMISTE, drame 5 actes, par Alex. Dumas.
ANGO, drame en 5 actes, par F. Pyat.
L'APPRENTI, ou l'Art de faire une Maîtresse, vaudeville en 1 acte.
ATAR-GULL, drame en 5 actes.
LES AVOUÉS EN VACANCES, com.-vand. en 2 a.
L'AUBERGE DE LA MADONE, drame en 5 actes.
L'AUMONIER DU RÉGIMENT, vaudeville 1 acte.
LA BERLINE DE L'ÉMIGRÉ, drame en 5 actes.
LES BRIGANDS DE LA LOIRE, drame en 5 actes.
LA BICHE AU BOIS, féerie.
BRELAN DE TROUPIERS (le).
LE CABARET DE LUSTUCRU, vaudeville 1 acte.
CHEVAL DE BRONZE, opéra-comique de Scribe.
LES CHAUFFEURS, drame en 5 actes.
LE CHATEAU DE VERNEUIL, drame en 5 actes.
LE CHATEAU DE SAINT-GERMAIN, drame 5 actes.
LE CHEF-D'OEUVRE INCONNU, drame en un act.
LES CHIENS DU MONT SAINT-BERNARD.
CROMWELL ET CHARLES 1er, drame en 5 actes.
CALIGULA, tragédie en 5 actes, par Alex. Dumas.
CALOMNIE (la), com. en 5 actes, par Scribe.
CHAMBRE ARDENTE (la), 5 a. Bayard, Mélesville.
CHRISTINE A FONTAINEBLEAU, drame, par Frédéric Soulié.
LE CANAL SAINT-MARTIN, drame en 5 actes.
CHEVAUX DU CARROUSEL, drame en 5 actes.
CHEVALIER DE St-GEORGES (le), c.-v., 3 actes.
CHEVALIER DU GUET (le), comédie en 3 actes.
CHRISTOPHE LE SUÉDOIS, drame en 5 actes.
LE COMMIS ET LA GRISETTE, vaud. 1 acte.
LES COMPAGNONS ou la Mansarde de la Cité, drame en 5 actes.
DEUX SERRURIERS (les), dr. 5 actes, F. Pyat.
LES DEMOISELLES DE SAINT-CYR, drame en 5 actes, par Alex. Dumas.
LES DEUX DIVORCES, vaudeville en un acte.
LA DEMOISELLE MAJEURE, vaudeville en 1 acte.
LA DOT DE SUZETTE, drame en 5 actes.
LE DOIGT DE DIEU, drame en un acte.
DON JUAN DE MARANA, par Alexandre Dumas.
DIANE DE CHIVRY, drame, par Frédéric Soulié.
LA DUCHESSE DE LA VAUBALIÈRE, drame 5 actes.
L'ÉLÈVE DE SAINT-CYR, drame en 5 actes.
EN PÉNITENCE.
L'ÉCLAT DE RIRE, drame en 3 actes.
LES ENFANTS D'ÉDOUARD, par Casimir Delavigne.
LES ENFANTS DE TROUPE, vaudeville en 2 actes.
LES ENFANTS DU DÉLIRE, vaudev. en 1 acte.
ESTELLE, comédie, par Scribe.
ÊTRE AIMÉ OU MOURIR, idem.
EULALIE GRANGER, drame en 5 actes.
EN SIBÉRIE, drame en 3 actes.
LA FAMILLE MOBONVAL, drame en 5 actes.
LA FAMILLE DU FUMISTE, vaudeville en 2 actes.
LA FILLE DE L'AVARE, comédie-vaud. 2 actes.
LA FILLE DE L'AIR, féerie en 5 actes 11 tabl.
LES FILETS DE SAINT-CLOUD, drame en 5 act.

FRANÇOIS JAFFIER, drame en 5 actes.
FRÉTILLON, comédie-vaudeville en 3 actes.
LA FIOLE DE CAGLIOSTRO, vaudeville en 1 acte.
FORTE-SPADA, drame en 5 actes.
FABIO LE NOVICE, drame en 5 actes.
LE FILS DE LA FOLLE, drame en 5 actes, par Frédéric Soulié.
LA FILLE DU RÉGENT, com. 5 actes, A. Dumas.
GASPARD HAUSER, drame en 5 actes.
LE GARS, drame en 5 actes.
LA GAZETTE DES TRIBUNAUX, vaud. 1 acte.
GENEVIÈVE DE BRABANT, mélodrame 4 actes.
LES GARÇONS DE RECETTE, drame en 5 actes.
LA GRAND'-MÈRE ou 3 amours, 3 actes, Scribe.
HALIFAX, comédie 3 actes, par Alex. Dumas.
L'HONNEUR DANS LE CRIME, drame en 5 actes.
L'HONNEUR DE MA MÈRE, drame en 3 actes.
INDIANA ET CHARLEMAGNE, vaudeville en 1 acte.
INDIANA, drame en 5 actes.
LES IMPRESSIONS DE VOYAGE, vaud. 2 actes.
JAPHET à la recherche d'un père, Scribe.
JACQUES LE CORSAIRE, drame en 5 actes.
JACQUES COEUR, drame en 5 actes.
JEANNE DE FLANDRE, drame en 5 actes.
JEANNE DE NAPLES, idem.
JEANNE HACHETTE, drame en 5 actes.
JE SERAI COMÉDIEN, comédie en un acte.
LESTOCQ, opéra comique en 3 actes, par Scribe.
LA LECTRICE, comédie-vaudeville en 2 actes.
LÉON, drame en 5 actes.
LUCIO, drame en 5 actes.
LOUISETTE ou la chanteuse des rues, c.-v., 2 a.
LOUISE BERNARD, dr. en 5 a., par Alex. Dumas.
LE LAIRD DE DUMBIKI, par Alex. Dumas.
LORENZINO, drame, par Alex. Dumas.
LA LESCOMBAT, drame en 5 actes.
MARINO FALIERO, tragédie en 5 actes, par Casimir Delavigne.
MARIE, comédie en 5 actes, par Mme Ancelot.
LE MARI DE LA VEUVE, comédie en un acte, par Alex. Dumas.
MARGUERITE D'YORK, drame en 5 actes.
MARGUERITE DE QUÉLUS, idem.
MARGUERITE, vaud. en 3 actes, par Mme Ancelot.
MATHIAS L'INVALIDE, com.-vaudeville 2 actes.
MADAME ET MONSIEUR PINCHON, vaud. 1 acte.
MARCEL, drame en 5 actes.
LA MAITRESSE DE LANGUES, vaudeville en 1 acte.
LA MARQUISE DE SENNETERRE, comédie 3 actes.
MATHILDE ou la Jalousie, comédie-vaud. 2 actes.
MONSIEUR ET MADAME GALOCHARD, vaud. 1 acte.
MURAT, drame en 5 actes et 16 tableaux.
LE MARI DE LA DAME DE CHOEURS, vaud. 2 actes.
LA MARQUISE DE PRÉTINTAILLE, vaud. 1 acte.
MADELEINE, dr. 5 actes, A. Bourgeois et Albert.
LE MANOIR DE MONTLOUVIERS, drame 5 actes.
LA MAIN DROITE ET LA MAIN GAUCHE, drame en 5 actes, par Léon Gozlan.

LES
DEUX AMOUREUX
DE LA GRAND'MÈRE

COMÉDIE-VAUDEVILLE EN UN ACTE,

PAR MME ANAÏS SÉGALAS,

REPRÉSENTÉE, POUR LA PREMIÈRE FOIS, A PARIS, SUR LE THÉATRE DE LA PORTE-SAINT-MARTIN, LE 18 NOVEMBRE 1850.

PERSONNAGES.	ACTEURS.
FABIEN, éditeur, 25 ans..................................	MM. DUBIEF.
HECTOR, auteur, même âge	LAROCHELLE.
LE BARON DE LUXUEIL, vieux muscadin............	ASTRUC
WILHELM, domestique allemand.....................	JOSSET.
RAOUL...	ARTHUR.
Mme DE FORBINS, grand'mère de Fabien............	Mmes ANTHAUME.
BLANCHE...	DELAMARRE.
AMIS DE FABIEN.	

La scène se passe aux eaux de Bade en 1850.

Le salon d'un hôtel de Bade. — Porte au fond. — Au second plan, portes latérales avec des portières. — A la droite de l'acteur, une fenêtre ouverte. — Petite table à peu de distance de la fenêtre.

SCÈNE PREMIÈRE.

Mme DE FORBINS, FABIEN. (*Au lever du rideau, Mme de Forbins est assise près de la petite table, à droite; Fabien entre par la gauche.*)

FABIEN, *entrant brusquement.* Je suis perdu, déshonoré !

Mme DE FORBINS. Qu'as-tu donc ? tu me fais peur.

FABIEN. Ce que j'ai ? (*Lui faisant redescendre la scène mystérieusement.*) Je vais vous le dire, ma grand'mère.

Mme DE FORBINS. Tu auras joué peut-être! Malheureux ! tu aimerais le jeu ! le jeu ! ce gouffre, cet abîme où sans doute tu viens de jeter...

FABIEN. Un franc cinquante centimes, depuis ce matin. Mais vous savez bien que je ne joue jamais qu'un jeu de petit rentier, ce qui scandalise tout le monde, dans cet hôtel de Bade, où nous venons passer l'été. Tous ceux qui m'entourent jouent comme des lords, comme des princes russes.

Mme DE FORBINS. Ou des princes grecs... Ah ! ciel ! je comprends tout ! avec ta tête légère et tes vingt-cinq ans, tu n'auras pas su diriger la maison de librairie que ton père t'a confiée à sa mort. Grand Dieu ! si quelque faillite !... O insensé !... ô coupable jeune homme !... ô...

FABIEN. Ne vous fatiguez pas, ma grand'-mère. On est jeune, mais solvable ; je suis toujours un éditeur honorable, et si quelque

* NOTA. Les personnages sont inscrits en tête de chaque scène dans l'ordre où ils doivent être placés sur le théâtre : le premier inscrit occupe la droite de l'acteur. Les changements sont indiqués par des renvois.

chose fait faillite chez moi, c'est tout au plus l'esprit de mes auteurs.

Mme DE FORBINS. Alors pourquoi dis-tu : « Je suis déshonoré ! »

FABIEN. Pourquoi ? grand Dieu ! parce que je suis trop sage, trop rangé, parce qu'ils se moquent tous de moi ! Au lieu de me ruiner au lansquenet, je fais votre partie de piquet tous les soirs ; au lieu de passer la nuit dans de joyeuses orgies, je vais me coucher de bonne heure, comme un bourgeois du moyen âge, à l'heure du couvre-feu ; et, pendant ce temps-là, tous mes amis ont des lionnes dans leurs salons, des chevaux dans leurs écuries, des créanciers dans leurs antichambres, et se font de magnifiques réputations.

Mme DE FORBINS. Quelle folie !

FABIEN. Que je voudrais avoir comme eux une superbe lionne apprivoisée ! mais je n'ai qu'une pauvre petite colombe, ma petite cousine, que vous voulez absolument me donner pour femme.

Mme DE FORBINS. Ne m'as-tu pas dit cent fois que tu l'adorais ?

FABIEN. Chut!... ils n'auraient qu'à vous entendre !... Oui, je l'aime ; mais ils raillent ces amours légitimes qu'on va se jurer devant monsieur le maire. Ce qu'il me faut d'abord pour me poser, pour m'illustrer, c'est une passion excentrique, une de leurs beautés à la mode, petite vertu de leurs petits soupers.

Mme DE FORBINS, à part. Il mérite une leçon, et je la lui réserve. (Haut.) Mais qui te donne ces affreux conseils ?

FABIEN. Tout le monde : mes anciens amis de Paris, mes nouveaux amis de Bade, le vieux baron lui-même.

Mme DE FORBINS. Quel est donc ce baron?

FABIEN. Un séducteur retiré, qui a eu sous l'empire ses conquêtes amoureuses, ses victoires d'Austerlitz, et qui en est maintenant à sa retraite de Russie. C'est un vieux muscadin.

Mme DE FORBINS, soupirant. Un muscadin !... ah !

FABIEN. Pourquoi ce soupir, ma grand'mère ?

Mme DE FORBINS. C'est ce nom de muscadin !... J'ai connu autrefois, quand j'étais jeune fille, un incroyable, un muscadin, un aérien, comme on disait alors.

FABIEN. Et vous l'aimiez, ma grand'mère?

Mme DE FORBINS. Cela ne te regarde pas. Ah ! jamais tes lionceaux ne vaudront nos muscadins !

AIR : *Je n'ai point vu ces bosquets.*
Nos muscadins empressés et coquets,
Vrais Amadis, en contant des fleurettes,
Fort galamment nous offraient des bouquets ;
Mais vos lions offrent des cigarettes.
Ils vont fumer, pour tromper leur ennui,
    Près des déesses de leurs âmes :
Le tendre amour de leur cœur s'est enfui ;
    Le tabac remplace aujourd'hui
    L'encens qu'on brûlait près des femmes.

Et comment nommes-tu ton vieux baron ?

FABIEN, *cherchant.* Le baron... le baron... Eh bien, j'ai oublié son nom.

Mme DE FORBINS. Il paraît que c'est à Bade comme à Paris, on ne sait pas les noms de ses amis intimes.

FABIEN. Je ne le connais que depuis quelques jours à peine. (*Remontant la scène.*) Mais j'entends notre joyeux cercle qui vient se réunir ici.

Mme DE FORBINS. Le salon de cet hôtel est insupportable ; on y est toujours entouré.

SCENE II.

Mme DE FORBINS, BLANCHE, FABIEN, RAOUL, *puis* LE BARON, AMIS DE FABIEN

RAOUL, *à Fabien.* Ah ! voici notre candide ami.

BLANCHE, *entrant par la droite.* Je vous cherchais depuis une heure, ma bonne tante.

Mme DE FORBINS, *à part, à Blanche.* On cherche une tante pour trouver un cousin.

FABIEN, *au Baron, qui entre par le fond.* Arrivez donc, monsieur le baron, que je vous présente à ma grand'mère. (*Le Baron salue Mme de Forbins en sautillant, et lorgne Blanche, qui passe du côté de Fabien.*)*

Mme DE FORBINS, *à part.* Il a l'air d'un vieux fat.

LE BARON. Assurément, madame, je suis trop heureux, ma petite paole d'honneu. (*Mme de Forbins s'assied près de la petite table et cause avec le Baron qui reste debout, et lui offre une rose qu'il portait à sa boutonnière.*)

FABIEN, *à Blanche.* Que vous êtes donc jolie, ma petite cousine ! Vous allez dire que je me répète ; voilà bien la vingtième fois que je vous le dis.

BLANCHE. Dites toujours, mon cousin ; cela ne fait pas de peine.

RAOUL, *à Fabien.* Viens donc te mêler au jeu et tenir les paris.

* Mme de Forbin, le baron, Blanche, Fabien, Raoul et les figurants au fond.

FABIEN, *à Blanche.* Vous permettez, n a cousine...

RAOUL. Allons, au jeu !

FABIEN. Au jeu, messieurs. (*Fabien sort avec Raoul et les joueurs par la porte de gauche.*)

BLANCHE, *à part.* C'est agréable !... jusqu'à ma vieille tante qui a son chevalier, et moi je suis seule. (*Elle passe à la droite de Mme de Forbins.**)

Mme DE FORBINS, *au Baron.* Voilà pourtant, monsieur, comment sont les jeunes gens de nos jours ! nos jeunes filles n'ont près d'elles que des lions, et nous avions des papillons.

LE BARON. Comme vous dites. On papillonnait autrefois, madame, on papillonnait, et moi-même...

Mme DE FORBINS. Vraiment !

LE BARON. On a été jeunesse dorée, muscadin, aérien... et maintenant encore, quoique je sois d'un âge raisonnable et... épanoui, très-épanoui, je me souviens avec attendrissement de mon premier amour, qui me vint au cœur sous le consulat. (*Mme de Forbins se lève et s'avance sur le devant de la scène avec le Baron et Blanche.*)

AIR *nouveau de M. Adolphe Vaillard.*

Cet amour vint en floréal,
S'épanouit en prairial ;
Puis il se perd, douce chimère,
Au fond des brumes de brumaire.
Quand ce premier amour m'a fui,
J'ai pleuré comme pluviôse ;
Car ma belle au teint frais et rose,
Sur ses cheveux doit aujourd'hui
Avoir les neiges de nivôse.

Mme DE FORBINS. C'est probable.

LE BARON. Dès que je la vis, mon cœur fut pris, il fut pris, le petit vagabond.

Mme DE FORBINS. En vérité.

LE BARON. C'était bien la plus charmante jeune fille... je la vois encore avec son fourreau de soie rose, à la taille courte, à la jupe en étui.

Mme DE FORBINS. C'était si gracieux.

LE BARON. C'était avisant. Je n'ai pas même oublié son ridicule.

BLANCHE. Comment, monsieur, elle avait des ridicules !

LE BARON. Oh ! mademoiselle !... elle n'en avait qu'un... en velours brodé de perles.

Mme DE FORBINS, *à Blanche.* Tu ne connais pas cela, toi, mon enfant.

RAOUL, *dans la coulisse.* Perdre vingt louis

* Blanche, Mme de Forbins, le baron.

dans un quart d'heure !... (*Les joueurs qui étaient dans la salle de jeu, à gauche, en sortent bruyamment, en chantant le chœur en même temps que les personnages qui sont en scène.*)

CHŒUR.

AIR *des Hussards de Felsheim.*

Ah ! c'est affreux ! nul ne s'accorde
A ces jeux faits par les démons,
Et les pommes de la discorde
Sont des cartes et des jetons.

(*Les joueurs sortent par le fond, Mme de Forbins sort par la droite, le Baron lui offre la main jusqu'à la porte, la salue, puis sort par le fond.*)

SCÈNE III.

BLANCHE, *puis* HECTOR.

BLANCHE, *seule.* Est-on plus malheureuse que moi !.. n'avoir qu'un petit cousin, et en être si peu aimée !

HECTOR, *entrant brusquement par le fond.* O jeune fille ! je m'appelle Hector.

BLANCHE. Ah !... vous m'avez fait peur !... Comment ! c'est vous, monsieur Hector, vous que j'ai rencontré souvent chez une amie de ma grand'mère, pendant notre voyage à Château-Chinon.

HECTOR. Oui, jeune astre de beauté. Je languissais loin de vous, loin de Paris, de la littérature et des éditeurs. Peu après votre départ, je rassemblai mes bagages, toutes mes œuvres inédites : quatre manuscrits de romans, six tragédies pleines d'un esprit académique.

BLANCHE, *naïvement.* Comme c'était lourd !

HECTOR. Mais oui, cela pesait bien huit kilogrammes. Je déployai mes ailes d'aigle, et j'arrivai à Paris par le chemin de fer. On me dit que vous étiez à Bade, et j'accours sur vos traces.

BLANCHE. Si vous venez à Bade pour me suivre, vous savez bien...

HECTOR. Que votre tante m'a déjà refusé votre main. Hélas ! oui ! Ce fut un moment cruel : dès que je fus seul dans ma chambre, je saisis un pistolet, je l'armai, je l'appuyai sur mon front, le coup partit.

BLANCHE. Ah ! mon Dieu !

HECTOR. Par malheur le pistolet n'était pas chargé. Dans mon désespoir, je changeai d'arme, je pris une plume, une plume toute remplie des étincelles de mon cœur, et qui brûlait le papier, et je fis un roman lumineux et flamboyant... Connaîtriez-vous un éditeur?

BLANCHE. Mais oui, nous en avons un ici même... mon jeune cousin.

HECTOR. O Providence ! je vais donc me draper dans ma gloire et dans une couverture de papier rose tendre. (*Lui présentant un énorme manuscrit qu'il avait dans sa poche.*) Ange de la terre, voudriez-vous lui soumettre ce petit manuscrit ?

BLANCHE, *le prenant.* Mais c'est un véritable ballot d'esprit (*A part.*) Fabien ne lira jamais tout cela.

HECTOR. C'est un petit roman par lettres qui a pour titre : *la Belle Séraphine.* Vous préviendrez l'éditeur, n'est-ce pas, qu'il manque quelques lettres de Séraphine ; l'ouvrage est encore inachevé. Vous me promettez de le lui remettre ?

BLANCHE. Certainement. (*A part.*) J'en dispenserai Fabien, et je dirai que je le lui ai donné... L'ennuyeux original !...

HECTOR. Merci ! merci ! Oh ! si vous saviez comme je gémissais de ne pas faire gémir la presse. Rien ne manquera à mon bonheur, si vous devenez madame Hector Beaucastel de Château-Chinon.

AIR : *Ah ! si madame me voyait !*

Ma fiancée et mon trésor,
Soyez ma muse élégiaque.
Daignez être mon Andromaque,
Ne repoussez pas votre Hector. (*bis*)
Je vous vois luire sur ma route,
Jeune astre charmant et vermeil :
Je dois être un aigle sans doute ;
J'ai l'œil fixé sur le soleil ! (*bis*)

Allons fléchir votre tante ; je veux lui demander votre main. (*Il lui saisit la main et veut l'entraîner.*)

BLANCHE. En attendant, vous la brisez, ma main.

HECTOR, *voulant l'entraîner.* Allons lui dire : Femme respectable, vous aurez un neveu illustre.

BLANCHE. Laissez-moi donc, monsieur Hector.

FABIEN, *au fond, dans la coulisse.* Je suis à vous dans un instant.

BLANCHE. Tenez, j'entends votre éditeur qui vient de ce côté.

HECTOR, *lui lâchant la main.* Mon éditeur !

BLANCHE. Enfin, je suis libre ! (*Elle se sauve par la droite.*)

HECTOR, *seul.* Eh bien ! ma fiancée qui se sauve ! (*Il va pour la suivre.*) Mais si je la suis, mon éditeur va m'échapper... Ah ! le voici.

SCÈNE IV.

FABIEN , HECTOR.

FABIEN, *entrant par la gauche et apercevant Hector.* Un étranger ! (*Hector le salue avec affectation. Fabien le salue légèrement, puis va s'asseoir à droite, près de la petite table, et prend un livre. Hector s'approche en fredonnant.*)

HECTOR, *à part.* Il faudrait engager d'abord une conversation pittoresque. (*A Fabien.*) Le temps est magnifique aujourd'hui, monsieur. (*Fabien fait un signe affirmatif et continue sa lecture.*) Il fait une chaleur... orientale... tropicale.

FABIEN, *à part.* Aura-t-il bientôt fini sa conversation atmosphérique ?

HECTOR. Monsieur lit sans doute quelque ouvrage moderne ?

FABIEN. Non, monsieur ; ce sont *les Caractères de la Bruyère,* chapitre du Bavard.

HECTOR. Plaît-il ? (*Fabien se remet à lire ; Hector s'appuie sur sa chaise, et avance la tête pour lire avec lui.*) C'est très remarquable. (*Fabien hausse le livre ; Hector veut suivre son mouvement et lève la tête : Fabien baisse le livre.*) C'est plein d'observation.

FABIEN, *à part.* Est-ce qu'il ne me laissera pas tranquille ? (*Il se lève, traverse la scène en fredonnant, et passe à gauche.*)

Avez-vous connu Fanchette ?
La filleule du Seigneur.

HECTOR, *qui le suit.*
Qui, les jours de grande fête,
Allait quêter pour le malheur.

(*Fabien traverse encore la scène avec impatience, toujours suivi d'Hector, et passe à droite*).

FABIEN, *à part.* Maudit importun !

SCÈNE V.

FABIEN, WILHELM, HECTOR. (*Wilhelm entre par le fond, apporte un candélabre allumé et le pose sur la table.*)

HECTOR, *l'apercevant et allant à lui.* Ah ! c'est un domestique de l'hôtel. O jeune Allemand, tu vas me servir...

WILHELM Ia, mein herr.

HECTOR, *suivant Fabien qui veut s'échapper.* Aimez-vous les romans de Balzac, Monsieur ? C'était un mes amis intimes que Balzac. Je lui adressai autrefois une épître :

O soleil ! ô splendeur !...

(*Tout en parlant, il sort par le fond avec Fabien, dont il a pris le bras*).

WILHELM, *seul.* Eh pien le crand plond s'en fa sans mé tire ce qu'il feut. (*Hector rentre par la droite avec Fabien, en s'accrochant à son bras.*)

HECTOR. Mon Dieu oui, monsieur, c'est comme j'ai l'honneur de vous le dire : j'adressai aussi à Frédéric Soulié une épître en deux cents vers et en trois cents points d'exclamation.

O soleil ! ô splendeur ! ô....

(*Tout en parlant à Fabien il a gagné la gauche. Il*

*gesticule en commençant son épître, et lâche le bras
de Fabien qui se sauve par la gauche.)*

FABIEN. Pardon, monsieur, mais je rentre
chez moi. *(Il lui ferme la porte au nez.)*

HECTOR, *criant.* Mais il y a deux cents
vers, monsieur.

SCÈNE VI.

WILHELM, HECTOR.

HECTOR. J'ai perdu mon éditeur ! *(Il tombe
sur une chaise et réfléchit.)*

WILHELM. Que faut-il fus serfir mein herr ?
Ché afre tut ce que fus fudrez.

AIR : *Vos maris en Palestine.*

Nus afons té la choucroute,
Un choli blat barfumé,
Qui, zitôt que l'on y goutte,
Semple un pouquet empaumé,
Un frais pouquet empaumé !
Pur fotré rébas léchère,
Mein herr, zi céla fus blaît,
Fus aurez un ferr' de pière
Afec un bétit boulet,
Un léché bétit boulet,
Ché fus enfoie un boulet.

HECTOR, *se levant.* Je veux que tu me
serves de l'encre. *(Wilhelm sort par le fond.)*
Je me sens en verve ; un éditeur, cela inspire, quoique celui là ne soit pas très enga-
geant. Il manque quelques pages encore au
roman que j'ai remis à la divine Blanche, pour
le soumettre au jeune éditeur... Quel adorable titre j'ai trouvé : *La belle Séraphine !*
Comme cela fait bien sur une affiche de li-
braire ! Puis, c'est une jolie forme un roman
par lettres ; le succès court la poste (*Wilhelm
rentre.*) Nous disons qu'il faut changer la première lettre de Séraphine à celui qu'elle aime.
*(S'écriant, et saisissant une plume de fer
sur un encrier que Wilhelm apporte)* J'ai
une inspiration.

AIR de *Turenne.*

Oh ! vite saisissons la plume,
Car c'est ma lance de vainqueur ;
A ma verve qui se rallume,
L'éditeur va brûler son cœur,
Pauvre éditeur tu vas brûler ton cœur.
J'ai l'inspiration dans l'âme,
La plume de fer à la main ;
Je puis te vaincre, éditeur inhumain :
N'ai-je pas le fer et la flamme ?

(Il s'assied devant la table.) Ecrivons. —
Lettre de Séraphine. — Cherchons. *(Il se
lève et arpente la scène ; Wilhelm le suit
avec son plumeau sous le bras).* « Je suis
une femme aimante et incomprise... » C'est
cela, j'y suis. « J'aprécie votre mérite, jeune
homme. » *(En disant cela , il s'est retourné
en face de Wilhelm.)*

WILHELM, *croyant que cela s'adresse à lui,
et saluant.* O mein herr, ché souis goufus.

HECTOR, *s'écriant.* Oh ! *(Wilhelm recule
effrayé).* Je tiens la lettre de Séraphine ! *(Il
s'assied devant la table, à droite, et écrit.)*
« Oserai-je l'écrire, mon cher Charles , je vous
aime. » Cher Charles, c'est peu harmonieux.
Cet Allemand pourrait me donner un nom du
terroir ; ce serait romantique et pittoresque.
(A Wilhelm.) Dis-moi un nom allemand ;
quelque chose de mélodieux.

WILHELM. Un nom mélodiuse. *(Il cherche)* Haousniderwichtermann - Gluchluch-
schswatzen.

HECTOR. Qu'est-ce que c'est que cela?

WILHELM. C'est un petit nom pien chentil.

HECTOR. Un autre ! un autre !

WILHELM, *cherchant.* Un autre nom mélodiuse. Schmolaleoltz - Serflichtountorofen-
bach.

HECTOR. Assez de noms de la Germanie !...
autre chose.

WILHELM, *à part.* Ah ! le nom du betit
cheune homme : Vabien. *(Haut.)* Vabien.

HECTOR. Comment vas bien ? tu vas bien.
Je ne te demande pas de tes nouvelles.

WILHELM. Va bien, c'est un nom de patême.

HECTOR. Ah ! Fabien peut-être !... nom
distingué. Je le prends. *(Il écrit.)* « Mon cher
Fabien. » C'est cela. Signé Séraphine. *(Se
levant.)* Maintenant il faut faire parvenir
cette inspiration à mon éditeur. *(A Wilhelm.)*
Tu sais bien ce jeune homme qui sort d'ici.

WILHELM. Ia, mein herr ; un chentil
cheune homme.

HECTOR. Eh bien ! tu lui remettras cette
lettre. *(A lui-même.)* Quand je le verrai, je
je lui expliqurai quelle est sa place dans le
roman. Blanche s'est chargée de le prévenir
que j'ai quelques pages à changer. Je vais
errer par les allées, et chercher mon dénoûment.

AIR : *Avez-vous vu dans Barcelone.*

A mon livre il faut que je rêve,
Car la muse au souffle divin,
De cette terre me soulève,
Et l'inspiration m'enlève
Mieux qu'un ballon de Poitevin.

Il faut à ma touchante histoire.
Un dénoûment tout ruisselant :
Des pleurs sortant de l'écritoire ;
Cherchons, et l'encre, en larme noire,
Va couler sur le papier blanc.

A mon livre il faut que je rêve, etc.

*(Il sort par le fond. — Wilhelm s'est assis dans un
fauteuil pendant le couplet, et s'est servi de son
plumeau, comme d'une guitare, pour accompagner
Hector.)*

* Hector, Wilhelm.

SCÈNE VII.

WILHELM, *puis* FABIEN.

WILHELM, *se souvenant de la lettre.* Ah! le lettre! (*Il se lève.*) Allons pien fite, pien fite, remettre le lettre au cheune homme.

FABIEN, *entrant brusquement par le fond.* C'est affreux! me railler de la sorte! Ils me défient de faire une brillante conquête. Il faut que j'inspire une passion, il le faut.

WILHELM. Mein herr, foilà un lettre pur fus.

FABIEN. Donne, tais-toi et va-t'en. Ne me parle pas; je suis en fureur.

WILHELM. Ia, cheune mein herr, ché m'en vais pien fite, pien fite. (*Il sort par le fond.*)

SCÈNE VIII.

FABIEN, *seul.*

Voyons cette lettre. (*Il la regarde.*) Signé Séraphine. Séraphine, un nom de femme! C'est une femme qui m'écrit... O bonheur! (*Lisant.*) « Je suis une femme aimante et incomprise. » (*S'arrêtant.*) Aimante, incomprise... C'est si facile de se faire comprendre des femmes incomprises. (*Continuant.*) Faut-il l'avouer, mon cher Fabien? » (*S'arrêtant.*) Elle sait mon nom (*Continuant.*) « Oserai-je l'écrire! je vous aime. » (*S'arrêtant.*) J'ai fait une passion, j'ai incendié un cœur! (*Continuant.*) « Je suis bien près de vous, ô jeune homme! mais je veux me cacher à vos regards. Rassurez-vous pourtant, je suis jeune; les flatteurs prétendent que je suis belle; que j'ai de l'ivoire sur le front, du corail sur les lèvres, et des étoiles dans les yeux. » (*S'arrêtant.*) De l'ivoire, du corail et des étoiles, que cela doit faire un joli visage! (*Lisant.*) « Bientôt je me ferai connaître. Séraphine. » (*S'arrêtant.*) Séraphine, quel nom céleste! Ah! quel triomphe, quelle conquête! Comme je vais m'en vanter! (*Il appelle par la fenêtre.*) Raoul, M. le baron. Oui, venez vite. Séraphine, je t'adore! (*Il baise la lettre.*)

SCÈNE IX.

LE BARON, FABIEN, RAOUL.

RAOUL. Que se passe-t-il donc?

LE BARON Palez, ché ami.

FABIEN, *à Raoul.* Ah! tu m'as défié de faire des victimes! Eh bien, j'en suis fâché pour toi, mais il y a ici une magnifique lionne qui ne t'a pas remarqué et qui m'idolâtre.

RAOUL. Pas possible.

FABIEN. Vois plutôt cette lettre qu'elle m'écrit, une lettre d'amour.

RAOUL. Voyons. (*Il prend la lettre et la lit des yeux.*)

FABIEN. Et une superbe encore, sans fautes d'orthographe. Ce n'est pas comme celles de ta Rosalba. (*Raoul lui rend la lettre qu'il met dans sa poche.*)

LE BARON. Ce n'est pas une raison pour vous fier à la fidélité de votre déesse: la grammaire ne me semble pas une garantie suffisante.

AIR: *A peine au sortir de l'enfance.*

Beauté fidèle aux participes,
Elle a peut-être un cœur fort peu moral;
  Et ne suit, en fait de principes,
  Que ceux de Lhomond, de Chapsal.
Oui, la Vénus qui vous traîne à sa suite
Peut adopter, malgré ses doux serments,
    Le singulier dans sa conduite (*bis*),
    Et le pluriel pour ses amants.

SCÈNE X.

LE BARON, FABIEN, RAOUL, HECTOR.

HECTOR, *entrant.* Enfin, je retrouve mon éditeur.

FABIEN, *au Baron.* Je vous dis que cette petite femme-là m'adore.

HECTOR. Ah! il s'agit d'une passion.

FABIEN. Je l'attire, je l'éblouis, je la fascine.

HECTOR. Cela ne m'étonne pas, monsieur. (*A part.*) Flattons l'éditeur.

LE BARON. Cette femme-là ne m'a donc jamais vu. (*Il remonte la scène avec Raoul.*)

FABIEN. Je suis vainqueur, triomphateur, conquérant, et j'entre à Bade comme Alexandre à Babylone.

HECTOR, *déclamant.*

O soleil! ô splendeur! tout s'enchaîne à son char!
Ce jeune est Cyrus, Alexandre ou César.

FABIEN. Plaît-il... Ah! c'est vous, monsieur, que j'ai vu ici il y a un instant. Mais je n'ai pas l'honneur...

HECTOR. De savoir mon nom. Je m'appelle Hector Beaucastel de Château-Chinon.

FABIEN. Hector! Un nom bien connu, monsieur.

HECTOR, *s'inclinant.* Monsieur...

FABIEN. Oui, depuis le siége de Troie.

HECTOR, *mécontent.* Que dit-il là?... (*Suivant Fabien qui arpente la scène.*) J'aurais à vous parler. Vous êtes éditeur, monsieur; ce sont les éditeurs qui font briller le génie; l'éditeur, c'est la lanterne qui porte la lumière, et...

FABIEN, *arpentant la scène sans l'écouter.* De grâce, apparais, femme adorée!

HECTOR. Il ne m'écoute pas. C'est égal, je comprends ces passions délirantes. (*Le Baron et Raoul redescendent la scène.*)

LE BARON, *à Fabien.* Mais pourquoi se cache-t-elle ainsi, votre divinité ? Moi, je suis sûr qu'e le est laide.

RAOUL. Ou contrefaite.

LE BARON. Ou négresse.

RAOUL. Comment, négresse...

LE BARON. Sans doute. A présent qu'elles sont affranchies, elles peuvent bien écrire des lettres émancipées.

FABIEN, *irrité.* Vous plaisanterez donc toujours ! Elle ne paraîtra donc pas pour vous confondre !

SCÈNE XI.

LE BARON, FABIEN, WILHELM, RAOUL. HECTOR.

WILHELM, *à Fabien.* Mein herr, ché afre pur vus une beti e portraite. C'est une tâme qui m'a tit, tu vas remettre ça au betit cheune homme, au choli betite cheune homme.

FABIEN. Un portrait !... Entendez-vous, messieurs ? Sans nul doute, ce portrait c'est le sien. (*A Wilhelm.*) Donne vite.

WILHELM, *tirant le portrait de sa poche.* Ia, meinherr, pien fite, pien fite.

FABIEN, *lui arrachant le portrait.* Enfin... Oh ! comme elle est jolie !

RAOUL, *s'approchant de Fabien.* Charmante, nous te félicitons.

HECTOR, *passant de l'autre côté, à la droite de Fabien, et regardant le portrait.* O soleil ! ô splendeur ! Mais à quel bienheureux pays appartient cette jeune femme? Son costume ne peut nous l'indiquer ; car, par une fantaisie toute poétique, sa jolie figure apparaît au milieu d'un nuage. C'est un séraphin.

FABIEN, *à part.* C'est une séraphine. (*Le Baron, qui était resté à l'écart, s'approche négligemment.*)**

LE BARON. Voyons si cela vaut la peine de papillonner. (*Il regarde le portrait.*) Ah ! grand Dieu !

FABIEN. Qu'avez-vous ?

LE BARON. Voilà bien ses traits adorés !

FABIEN. Vous la connaissez ?

RAOUL. Dis donc, cher, le Baron est ton rival.

FABIEN. Allons donc !... (*Au Baron.*) Est-ell ressemblante ?

LE BARON. Elle était mille fois plus jolie.

FABIEN. Que je suis heureux !... Si belle, si jeune ; dix-huit ans à peine.

* Le baron, Fabien, Raoul, Hector.

** Le baron, Fabien, Raoul, Hector, Wilhem au fond.

LE BARON. Elle aurai un peu plus.

FABIEN. Vingt ans peut être ?

LE BARON. Celle dont je parle pourrait bien avoir de soixante-cinq à soixante-dix ans. (*Tous rient.*)

FABIEN. Quelle plaisanterie !... Puisqu'elle m'écrit qu'elle est jeune et jolie.

LE BARON. Oui, vous avez raison, j'étais fou. Mais c'est qu'elle ressemble tant à mon premier amour de floréal ! (*A part.*) O mon Angélique ! (*Il va s'asseoir à droite et semble rêver ; Hector s'assied à gauche et paraît chercher des inspirations ; Raoul le regarde en riant.*)

WILHELM, *à Fabien.* Mein herr, ché afre encore une chosse à fus tire té la bart té l'orichinale.

FABIEN. Comment, l'originale?

WILHELM. Foui , l'orichinale de la portraite, la dame orichinale.

FABIEN, *avec empressement.* Mais parle donc vite ! (*Le Baron écoute Wilhelm avec attention.*)

WILHELM, *lentement.* Pien fite. (*Très-haut.*) Elle m'a dit tout à l'heure : « Wilhelm, ma garçonne, ma pien ponne ami, tu diras mystérieusement à Fabien , au betit cheune homme, au choli homme, que ce soir à onsse hères, quand tut le monte être au Casino, ché viendrai dans cette salonne. »

FABIEN. Un rendez-vous ! et tu ne me le disais pas de suite !

RAOUL. Ah ça ! décidément, tu vas donc prendre rang parmi nous ?

FABIEN. Vous le voyez, messieurs. (*A Wilhelm.*) Tu connais cette jeune femme ; tu vas me la nommer.

WILHELM. Non, mein herr. Le tâme, il me l'a pien défendu. (*Il s'en va très-lentement.*)

FABIEN. Mais ce damné Allemand ne s'en ira pas ainsi. (*Appelant.*) Enfant de la Germanie ! (*Wilhelm marche toujours sans s'arrêter.*)

RAOUL, *appelant.* Jeune indigène ! (*Wilhelm ne se retourne pas.*)

FABIEN, *appelant, impatienté.* Imbécile !

WILHELM *se retourne et s'arrête.* Vabien. Il afre gonpris. (*Fabien et Raoul prennent chacun une main de Wilhelm et lui font vivement redescendre la scène.*)

FABIEN, *à Wilhelm.* Me diras tu quelle est cette sirène, cette lionne ?

WILHELM. Lionne... Oh ! ché afre gonpris.

FABIEN. Enfin, tu vas me répondre.

WILHELM. Foui, foui. Une lionne, c'est un pel animal té la ménacherie.

FABIEN. C'est à mourir de colère !

HECTOR, *se levant.* Ce rendez-vous me

rappelle *la tour de Nesles*, ce mystérieux Allemand me fait l'effet du sombre Orsini. Cette inconnue doit être Marguerite de Bourgogne.

WILHELM. Non, mein herr, lé tâme il afre un autre nom.

HECTOR. Va-t'en, ô Orsini, et fais-nous servir à souper.

WILHELM. Ia, meinher, pien fite. (*Il sort par le fond.*)

SCENE XII.

LE BARON, FABIEN, RAOUL, HECTOR.

FABIEN. Eh bien, Raoul, su's-je digne d'être des vôtres? M'inscrira-t-on dans les fastes du café de Paris?

RAOUL. Comment donc! tu deviens mauvais sujet, je te rends mon estime.

FABIEN, *regardant la pendule.* Dix heures... Dans une heure ma belle inconnue sera ici. Après le souper trouvez-vous sous cette fenêtre, près de laquelle je l'amènerai : je ne veux pas que vous doutiez de mon triomphe. Pour me prévenir de votre arrivée, Raoul chantera en passant un refrain, un couplet.

RAOUL. C'est convenu.

HECTOR. O soleil! ô splendeur!... Si tout cela pouvait m'inspirer pour mon dénoûment... Il me manque encore la dernière lettre de Séraphine.

FABIEN. En attendant, pour être tout à fait digne de vous, je veux être le plus intrépide convive de vos petits soupers. Allons, à table, messieurs, et buvons aux beaux yeux de l'inconnue.

CHOEUR.

AIR : *Allons à Paris.*

Le souper joyeux
Fait briller les yeux,
Le rire accompagne
Le piquant champagne
Qui monte aux cerveaux
Des francs lionceaux.

FABIEN.

Le vin qui pétille folâtre
Va mousser,
Sur le punch un follet bleuâtre
Va danser ;
Un lutin qui souffle à l'oreille
Des chansons
Sort du champagne et me réveille,
Oui, buvons.
Ce champagne qui fait merveille
Qu'on chérit,
C'est le rire mis en bouteille
Et l'esprit.

CHOEUR.

Le souper joyeux, etc.

Sortie générale. Mme de Forbins soulève la portière de gauche, et s'avance dès qu'ils ont disparu.

SCENE XIII.

Mme DE FORBINS, *seule.*

Ah! monsieur mon petit-fils, vous voulez une passion excentrique, vos désirs sont remplis ; vous voilà amoureux du portrait de votre grand'mère. (*Ecoutant.*) On vient... serait-ce lui, déjà? (*Elle éteint la lumière.*) Voilà un empressement bien flatteur pour moi.

SCÈNE XIV.

Mme DE FORBINS, LE BARON.

LE BARON, *entrant par le fond.* Fabien ne se doute pas que je vais le devancer. Je connaîtrai avant lui cette jeune femme qui ressemble tant à mon Angélique.

Mme DE FORBINS. Est-ce vous, Fabien?

LE BARON, *à part.* Elle est ici! (*Haut.*) Oui, c'est moi. Où êtes-vous? Savez-vous qu'il fait horriblement noir, ô mon soleil!

Mme DE FORBINS. Venez par ici.

LE BARON, *à part.* Risquons une déclaration (*Haut.*) Femme adorable... femme adorable... j'ai admiré votre délicieux portrait, votre beauté printanière... printanière... parce que, voyez-vous, le printemps, les fleurs, les femmes, les papillons et l'amour... (*A part.*) Il ne m'inspire pas du tout, ce diable d'amour.

Mme DE FORBINS, *à part.* Mais ce n'est pas la voix de Fabien.

LE BARON, *à part.* Décidément j'ai perdu l'habitude des déclarations. Cherchons dans mes souvenirs, puisque l'amour n'est plus pour moi qu'une histoire du consulat et de l'empire. Répétons à cette jeune femme ce que je dis autrefois à mon Angélique.

Mme DE FORBINS, *à part.* Qui donc est ici?

LE BARON. Je vous aime depuis l'instant où je vous vis (*se reprenant*) où je vis votre portrait. Ecoutez bien le serment que je vais vous faire ; qu'il se grave dans votre mémoire : Je vous jure devant Dieu de ne jamais vous oublier ; les années passeront en vain, rien n'effacera de mon cœur ce premier, cet unique amour. (*A lui-même.*) Ça revient, ça revient.

Mme DE FORBINS, *à part.* Grand Dieu! ce serment, c'est celui que me fit le baron de Luxueil, quand mes parents lui refusèrent ma main. Est-ce un rêve? est-ce ma jeunesse qui refleurit? Oh! répétons-lui les mêmes mots que je dis alors au baron de Luxueil; je saurai bien si c'est lui.

LE BARON. Vous ne répondez pas?

Mme DE FORBINS. Je ne puis entendre de semblables paroles, monsieur. J'épouse monsieur de Forbins le 8 messidor an X; mes parents auront l'honneur de vous en faire part...

LE BARON. Que dit-elle?... Angélique, est-ce vous?

Mme DE FORBINS. Il sait mon nom!

LE BARON. Ce sont bien là ses cruelles paroles. Reviendrais-je en l'an de grâce et de jeunesse 1802?

Mme DE FORBINS. Plus de doute, c'est le baron de Luxueil.

LE BARON. C'est donc vous, Angélique? Oui, je suis le baron de Luxueil... Enfin, nous allons nous revoir, après tant d'années.

Mme DE FORBINS. Hélas! oui, bien des années: nous ne nous sommes pas revus depuis le consulat... Je suis impatiente de savoir comment vous êtes à présent. Vite, de la lumière. (*Elle va pour sonner et s'arrête.*) Mais avant de nous retrouver tels que la vieillesse nous a faits, regardons-nous dans nos souvenirs; le désenchantement viendra assez tôt. Comment me voyez-vous dans votre pensée? suis-je bien bien vieille?

LE BARON. Vieille!... mais je ne puis me figurer que mon premier amour ait vieilli. Je vous vois toujours à dix-huit ans, mon Angélique: vous êtes belle comme madame Tallien, vous êtes fraîche comme floréal.

Mme DE FORBINS. En vérité!... votre amour est le seul miroir qui me flatte encore.

LE BARON. Et moi, comment suis-je dans votre souvenir?

Mme DE FORBINS. Vous avez vingt ans, une taille svelte, élégante, vous êtes vif, sémillant, charmant.

LE BARON, *à lui-même*. Il est certain que j'étais assez joli homme et d'une étourderie, d'une pétulance... (*Il fait un mouvement sautillant, puis s'arrête.*) Ah! la goutte!

Mme DE FORBINS. Maintenant disons adieu à la jeunesse. (*Elle sonne.*) Nous allons nous voir tels que nous sommes.

WILHELM, *entrant avec un flambeau qu'il pose sur la table*. Voilà. (*Il sort.*)

LE BARON, *s'écriant*. La grand'mère de Fabien!

Mme DE FORBINS, *à part*. Le vieux muscadin!

LE BARON, *à part*. O mon premier amour!

Mme DE FORBINS, *à part, en s'essuyant*

aussi *les yeux*. Je le croyais mieux que cela.

LE BARON, *à part*. L'ombre lui allait mieux.

Mme DE FORBINS. Vous ne me trouvez plus la même, n'est-ce pas?

LE BARON, *poliment*. Madame...

Mme DE FORBINS. Songez donc que ma beauté du consulat a traversé l'empire, la restauration, la république; et les femmes ne sont pas comme les hommes politiques, elles ne reprennent pas sans cesse de nouvelles couleurs.

LE BARON, *à part*. C'est malheureusement vrai.

Mme DE FORBINS.

Air *du Pas redoublé.*

> L'hiver est venu m'engourdir,
> Moi, jadis jeune et belle!
> Le rhumatisme vient raidir
> Mes deux pieds de gazelle.
> Mes yeux au regard séduisant,
> Aux œillades coquettes,
> Lancent leurs rayons à présent
> A travers des lunettes.

N'est-ce pas que j'ai été bien jolie?

LE BARON. Et bien indifférente.

Mme DE FORBINS. Qu'en savez-vous?

LE BARON, *s'écriant*. Comment! j'avais un rival! Quel était celui que vous aimiez?

Mme DE FORBINS. C'était vous, mauvais sujet.

LE BARON, *lui baisant la main*. Moi! mon Angélique! (*La regardant, puis laissant retomber sa main.*) O madame, que j'aurais été joyeux si vous me l'aviez dit une quarantaine d'années plus tôt.

Mme DE FORBINS. Songez donc qu'on me forçait d'en épouser un autre; et j'avais été élevée dans une pension où l'on m'avait appris la morale en même temps que l'orthographe.

FABIEN, *au fond, dans la coulisse*. A bientôt, Raoul.

Mme DE FORBINS. Mais j'entends Fabien. Laissez-nous, il s'agit d'une plaisanterie; je vous expliquerai cela.

LE BARON. Je me retire, Angélique. Oh! pourquoi avez-vous été si dissimulée? (*A part*) Elle ne ressemble plus du tout à son portrait. (*Il sort par la gauche.*)

SCÈNE XV.

Mme DE FORBINS, FABIEN.

Mme DE FORBINS. Le voici. (*Elle se cache derrière la portière de droite.*)

FABIEN, *entrant par le fond*. J'ai donc

un rendez-vous, un vrai rendez-vous. Je veux être superbe d'assurance et de fatuité. Je suis impatient de la voir.

Mme DE FORBINS, *derrière la portière.* Elle est ici, Fabien.

FABIEN. Ah! mon Dieu! c'est-elle! Que vais-je lui dire?

Mme DE FORBINS, *toujours cachée.* Vous ne répondez pas.

FABIEN, *embarrassé.* Certainement, madame... mademoiselle... j'ai l'honneur de vous présenter mes hommages.

Mme DE FORBINS, *riant.* Vous dites..

FABIEN, *à part.* Ah! bah! du courage! (*Haut.*) Je vous adore, ange du ciel.

AIR *du Baiser au porteur.*
Je t'aime, ô beauté sans rivale,
Des eaux de Bade pur trésor.
Dans cette source minérale,
Je t'aperçois comme un grain d'or ;
Ou comme on voit la jeune Ondine,
Près du fleuve, dans un roseau ;
Ou dans la mer la perle fine,
Ou la fleur au bord du ruisseau.

Mme DE FORBINS. Mais votre cousine...

FABIEN. Y pensez-vous, femme charmante? moi aimer cette petite ingénue, une jeune fille qui, l'année dernière encore, n'était qu'une petite pensionnaire.

Mme DE FORBINS. Avec moi, vous n'avez pas cela à craindre. (*Elle avance la main, comme pour soulever la portière, mais sans se montrer encore.*)

FABIEN, *à part.* Oh! la jolie petite main, toute mignonne sous son gant blanc!... Si j'osais.. Elle va se fâcher. (*Il lui baise la main et dit à part.*) Elle ne se fâche pas!... (*Il recommence.*) Oh! que je voudrais vous voir et admirer votre jeune et frais visage.

Mme DE FORBINS, *toujours cachée.* Vous le voulez, mon tendre ami. Eh! bien! vous allez être satisfait, vous allez contempler votre jeune beauté.

FABIEN, *tombant à genoux.* O bonheur!

Mme DE FORBINS, *écartant la portière et s'avançant d'un pas.* Regardez-moi.

FABIEN, *s'écriant.* Ma grand'mère! (*Redescendant la scène.*) Qu'est-ce que cela veut dire?

Mme DE FORBINS, *redescendant aussi la scène.* Cela signifie, monsieur le fat, que j'ai voulu vous donner une leçon, et que vous étiez amoureux du portrait de votre grand'-mère.

FABIEN, *à part.* Et mes amis qui vont venir!

Mme DE FORBINS. Tu t'attendais à un déli-

cieux tête-à-tête, et tu ne trouves qu'une vieille femme qui se moque de toi, et qui s'assied à une table de jeu en te disant : Allons, monsieur le faux lion, venez, comme d'habitude, faire votre partie de piquet avec votre grand'mère. (*Elle s'assied devant la table, placée à une petite distance de la fenêtre, à laquelle elle tourne le dos: elle donne les cartes pendant le couplet.*)

FABIEN, *à part.* Et voilà mon rendez-vous!... Quelle confusion!...

RAOUL, *sous la fenêtre.*

AIR *de Gastilbelza.*
Le ciel te fit dans sa miséricorde,
Ange à l'œil noir.
Sous ton balcon, mon échelle de corde
Reste ce soir.
Du vieux Jacob c'est la divine échelle,
Je te le dis ;
Car elle mène, ô mon ange, ô ma belle,
Au paradis!

FABIEN, *à part.* Ah! mon Dieu! voilà le signal! (*Il va s'asseoir en face de sa grand'-mère et dit à part:*) Je leur avais dit de venir pour voir ma belle Séraphine. (*Il commence la partie.*)

Mme DE FORBINS. Qu'as-tu donc?

FABIEN, *à part.* Raoul est sous cette fenêtre; je suis perdu, ridiculisé, s'il ne me croit pas près d'une jeune et jolie femme!

Mme DE FORBINS. Que dis-tu là tout seul? C'est à toi de jouer. (*Fabien s'approche de la fenêtre, ses cartes à la main, et gesticule, tout en tournant le dos à la fenêtre et en s'éloignant de la table où est sa grand'mère qui le regarde avec stupéfaction.*)

FABIEN, *près de la fenêtre.* Oui, ma toute belle, oui, ma charmante, vos yeux sont pleins d'étincelles et votre amour me fera bien des jaloux.

Mme DE FORBINS. A qui parles-tu donc? Es-tu devenu fou?

FABIEN, *revenant à la table et y posant ses cartes.* Je suis capot, ma grand'mère, capot sur table.

RAOUL, *dans la coulisse.* Ce Fabien est né sous une heureuse étoile.

FABIEN, *retournant près de la fenêtre.* O ma beauté!...

Mme DE FORBINS. Majeure, tierce majeure.

FABIEN. O ma déesse!...

Mme DE FORBINS. Me diras-tu pourquoi tu divagues de la sorte?

FABIEN. Ne faites pas attention. (*Regardant par la fenêtre.*) Ils sont toujours là. (*Il se met à genoux, en tournant le dos à la *fenêtre.*) C'est à genoux, ma divinité, que je jure de vous aimer toujours. (*Raoul entr'ouvre la porte et le regarde sans en être vu.*)

FABIEN, *toujours à genoux.* O mon ange! mon cœur est à vous; vous êes la plus belle et la plus adorée de toutes les femmes.

SCÈNE XVI.

Mme DE FORBINS, FABIEN, RAOUL.

RAOUL, *au fond.* Dieu me pardonne, il se fait une déclaration à lui-même!...

FABIEN, *sans le voir et toujours à genoux.* Oui, femme céleste!... (*Apercevant Raoul et se relevant brusquement.*) Il était là!... Je suis perdu!...

Mme DE FORBINS. La leçon n'en sera que meilleure.

RAOUL, *à part, à Fabien.* Ah! tu étais seul avec ta grand'mère!... L'heureux scélérat, qui a un rendez-vous pour faire une partie de piquet avec grand'maman!...

FABIEN. Suis-je assez mystifié!

RAOUL. Ce sont là tes amours?

SCENE XVII.

Mme DE FORBINS, FABIEN, WILHELM, RAOUL.

WILHELM. Mein herr, ché afre pur fus une betite boulette.

FABIEN, *avec humeur.* Comment, une boulette?... Ah! une lettre!... (*Ouvrant la lettre et lisant.*) Dernière lettre de Séraphine. (*A Mme de Forbins.*) C'est encore une lettre dictée par vous, mag and'mère?

Mme DE FORBINS. Je ne te comprends pas.

FABIEN. Vous savez bien... Séraphine...

Mme DE FORBINS, *étonnée.* Séraphine...

FABIEN. Oui, le nom que vous avez pris dans cette lettre et dans la première.

Mme DE FORBINS. Mais je ne t'ai rien fait écrire.

FABIEN, *s'écriant.* Se pourrait-il!... (*En voyant le mouvement de Fabien, Wilhelm recule effrayé.*) Mais alors il y a donc réellement une femme qui m'aime, une femme de goût qui m'a remarqué?... Ah! l'on se raillait de moi!... A mon tour de relever la tête et de prendre un air triomphant.

Mme DE FORBINS. Quelle est donc cette femme?... Eh quoi! la plaisanterie que je voulais faire deviendrait une réalité!...

FABIEN. Voyons la lettre de Séraphine. (*Lisant.*) « Je pars, mon cher Fabien; faible femme que je suis, je pleure comme la source et le torrent, mon cœur est dévasté comme les ruines du Colisée. » (*S'arrêtant.*) Quel style! (*Reprenant.*) « Mais il faut vous quitter; vous êtes trop redoutable... Un wagon rapide et moral va m'entraîner loin de vous; je retourne à Paris. N'oubliez pas votre Séraphine. » Elle retourne à Paris!... Dans sa première lettre elle me disait qu'elle était près de moi; elle habitait sans doute cet hôtel... peut-être y est-elle encore. (*Remontant la scène.*) Oh! tâchons de la retenir!...

Mme DE FORBINS. Fabien, songez à votre cousine.

FABIEN. Je n'écoute rien... je veux me réhabiliter.

Mme DE FORBINS. Cette dernière folie est impardonnable... Votre cousine vous oubliera... elle en épousera un autre, et vous l'aurez mérité.

SCENE XVIII.

WILHELM, FABIEN, RAOUL.

FABIEN. Il faut poursuivre Séraphine... Toi, Raoul, tu vas m'aider à la retrouver... Cours de ce côté.

RAOUL. Et comment est-elle, ta Séraphine?

FABIEN. Je ne sais pas... petite, brune, jolie... Va donc... (*Il pousse Raoul dehors. A Wilhelm.*) Toi, Wilhelm, tu vas la chercher dans cet hôtel.

WILHELM, *tranquillement.* Ya, mein herr. Gomment li être mamselle Séraphine?

FABIEN. Je ne sais pas... grande, blonde, une toute petite bouche, des yeux bleus longs comme cela.

WILHELM. Pien... dé tut betites yeux, une crande pouche longue comme ça; une cholie femme... Ché afre compris. (*Il sort par le fond.*)

FABIEN, *seul.* Maintenant, suivons-la sur la route de Paris... Vite, un cheval, une chaise de poste, un chemin de fer et les ailes de l'amour.

SCÈNE XIX.

FABIEN, HECTOR.

(*En s'élançant vers la porte du fond, Fabien se heurte contre Hector, qui entre.*)

HECTOR. Oh! que les éditeurs sont durs dans ce temps-ci!

FABIEN, *voulant sortir.* Pardon.

HECTOR, *le retenant.* Un instant. Je vous tiens, ô jeune éditeur! et je ne vous lâche pas; j'ai à vous parler.

FABIEN. Une autre fois.

HECTOR. Il manquait à la littérature contemporaine un roman psychologique, analytique et poétique

FABIEN, *voulant se dégager.* Laissez-moi donc.

HECTOR, *lui lâchant le bras.* Vous ne voulez pas que je vous parle de la belle Séraphine?

FABIEN, *redescendant vivement la scène.* Séraphine!... Sauriez-vous où elle est?

HECTOR. Est-ce que vous la croyez égarée?

FABIEN. Hélas! oui, et je la cherche avec anxiété.

HECTOR. Rassurez-vous; on vient de me la rendre à l'instant même.

FABIEN. On vous l'a rendue!... à vous!... Seriez-vous mon rival? me l'auriez-vous enlevée?

HECTOR, *à part.* Me prendrait-il pour un éditeur rival? J'aime cette jalousie: c'est l'Othello de la librairie.

FABIEN. Vous auriez tout à craindre de ma fureur.

HECTOR, *à part.* O homme de goût! (*Haut.*) Apprenez, jeune éditeur, que je n'ai pour Séraphine qu'une affection légitime.

FABIEN, *à part.* Grand Dieu! si c'était son mari!

HECTOR. Je ne suis pas votre rival: j'aime Séraphine d'une tendresse toute paternelle. C'est une enfant que j'ai connue au berceau, que j'ai vue grandir, qui m'a suivi dans toutes mes promenades pittoresques aux portes de Château-Chinon: j'errais avec elle par les allées, en foulant aux pieds les feuilles d'automne et en songeant aux feuilles d'impression.

FABIEN, *à part.* Je respire. C'est un parent, un frère peut-être. (*Haut.*) Vous m'avez rassuré, monsieur; maintenant que je devine qui vous êtes, vous pouvez éclaircir mes doutes: une chose me préoccupe; Séraphine est-elle brune, est-elle blonde?

HECTOR. Plaît-il? Qu'est-ce que cela peut vous faire?

FABIEN. Cela m'importe beaucoup; je préfère les blondes.

HECTOR, *à part.* Il est original, l'éditeur. Faisons-lui le portrait de mon héroïne; quatrième lettre, page trente-deux. (*Récitant par cœur.*) Séraphine est blonde comme les épis au temps de la moisson, et comme la Belle aux cheveux d'or; ses yeux sont aussi bleus que la fleur du myosotis; ils semblent dire comme elle: Ne m'oubliez pas; et avant de voir cette

lumineuse beauté, il est prudent de se faire assurer contre l'incendie.

FABIEN, *transporté.* Mais c'est à en devenir fou!

HECTOR, *à part.* Mon style lui donne des éblouissements.

FABIEN. C'est délicieux, c'est ravissant!

HECTOR. Vous êtes trop bon, monsieur. Vous avez lu la dernière lettre de Séraphine?

FABIEN. Assurément.

HECTOR. Eh bien?

FABIEN. Quel style! On dirait que Séraphine écrit avec une plume de séraphin.

HECTOR. Il me transporte au troisième ciel.

FABIEN. Les voilà, ces lettres adorées! *Il les tire de sa poche et les couvre de baisers.*)

HECTOR, *à part.* Mais je suis donc décidément un homme de génie. (*Haut.*) Puisque vous appréciez le mérite de Séraphine, voulez-vous que je la rende à votre admiration?

FABIEN. Si je le veux! mais je vous le demande comme une grâce. Je suis fanatique de Séraphine.

HECTOR. Oh! le divin connaisseur!

FABIEN. Courez donc la chercher.

HECTOR. Quel empressement!

FABIEN, *le poussant vers la porte du fond.* Allez donc.

HECTOR. Il me pousse un peu rudement; mais ses paroles me caressent.

FABIEN. Vous me faites mourir d'impatience.

HECTOR. Je vais vous présenter Séraphine quand elle aura mis, pour vous séduire, tous ses ornements. (*A part.*) Je vais lui mettre une faveur verte, couleur d'espérance. (*Il sort par le fond.*)

SCÈNE XX.

FABIEN, BLANCHE, Mme DE FORBINS, LE BARON.

FABIEN, *seul.* Enfin je vais la connaître.

(*Mme de Forbins entre par la droite, en s'appuyant sur le bras du Baron. Blanche les suit. Ils s'arrêtent au fond, aux premiers mots de Fabien, qui est sur le devant de la scène et ne les voit pas.*)

FABIEN. Je vais donc voir cette femme charmante, que j'adore, et qui m'écrit de si tendres épîtres... O ma Sévigné!

BLANCHE, *à Mme de Forbins.* Il aimerait une autre femme!.. Et c'est pour cela qu'on élève mes petits cousins!

FABIEN, *sans les voir.* Cette femme-là doit être une de nos lionnes; aller au tir, monter à cheval et fumer la cigarette.

BLANCHE. Ah! mon Dieu! voilà ce qu'il

faut pour lui plaire !.., Mais je n'ai rien appris de tout cela dans mon pensionnat. (*Se montrant.*) Eh bien, Monsieur, si vous l'aimez, épousez-là.

FABIEN Ma cousine !.., Elle écoutait.

Mme DE FORBINS, *à part à Blanche.* Très-bien. Un peu de colère, un peu de dépit, cela réussissait de mon temps. Continue. (*Soufflant.*) Moi aussi je me marierai.

BLANCHE à *Fabien.* Moi aussi, je me marierai; j'épouserai... (*Bas à Mme de Forbins.*) Qui donc, ma tante !

Mme DE FORBINS, *soufflant.* Monsieur Hector.

BLANCHE à *Fabien.* M. Hector de Château-Chinon.

FABIEN. Ah! vous serez la femme de M. Hector; vous m'oubliez pour un autre !... C'est indigne !

LE BARON. C'est absolument comme mon Angélique.

Mme DE FORBINS, *soufflant.* Comme j'aimerai Monsieur Hector! comme nous serons heureux! (*Sanglotant.*) Oh! que je suis contente ! que je suis contente !

FABIEN, *tirant son mouchoir.* Et moi donc, Mademoiselle, je suis très-joyeux. Je suivrai votre exemple; j'épouserai cette jeune femme que j'idolâtre. (*S'essuyant les yeux.*) Car enfin je l'idolâtre.

LE BARON, *tirant aussi son mouchoir.* C'est une joie communicative. Cela me rappelle le mariage d'Angélique, le 8 messidor an X.

FABIEN. Monsieur Hector, qui est un de ses parents, doit l'amener ici dans l'instant. J'aurai l'honneur de vous la présenter.

SCENE XXI.

FABIEN, HECTOR, BLANCHE, Mme DE FORBINS, LE BARON.

FABIEN, *à Hector.* Eh bien! vous revenez seul?

HECTOR, *s'arrêtant en voyant Blanche.* La divine Blanche est ici!... O soleil! ô splendeur!...

FABIEN, *l'interrompant.* Vous n'amenez pas Séraphine?

HECTOR. Elle est avec moi.

FABIEN. Avec vous!... Mais je ne la suppose pas invisible... Où est-elle?

HECTOR. Dans ma poche.

FABIEN. Dans votre poche?...

LES AUTRES PERSONNAGES. Que signifie?...

HECTOR, *remettant à Fabien son manuscrit.* Je vous la confie, jeune homme. (*Fabien regarde quelque temps le manuscrit avec stupéfaction et sans rien dire.*)

FABIEN. Je reconnais son écriture. (*Lisant le titre.*) La belle *Séraphine*!... Un titre de roman !... M'expliquerez-vous ?...

HECTOR. Eh! que voulez-vous que je vous explique?... Tout à l'heure vous m'avez parlé avec passion de mon roman, *la belle Séraphine.*

FABIEN. Un roman !...

HECTOR, *continuant.* Vous avez pressé sur vos lèvres, avec un amour vraiment littéraire, deux lettres de mon roman qui vous avaient été remises par Wilhelm; vous vous êtes chargé de faire imprimer ce petit manuscrit, et je vous l'apporte, ô mon jeune éditeur ! (*Tous les personnages rient.*)

FABIEN. Oh! ce dernier coup me manquait !...

HECTOR. Que dit-il ?

LE BARON. C'était là votre passion?... Ma petite parole d'honneur, j'en avais de plus réelles, et certainement Cloinde, Ose, Corinne, Atémise...

Mme DE FORBINS. Avez-vous fini votre calendrier ?

LE BARON. Oh! pardon, mon Angélique!

BLANCHE. Dites donc, Fabien, vous allez emmener votre belle fiancée à Paris, dans votre maison de librairie, et vous ferez imprimer vos billets de part sous forme d'annonces dans *le Constitutionnel.*

FABIEN. Elle se moque de moi, à présent.

Mme DE FORBINS. Non, elle te pardonne. (*Blanche tend la main à Fabien, qui veut s'avancer vers elle.*)

HECTOR, *les séparant.* Ah! mais un instant! je suis jaloux comme un tigre! J'espérais que la céleste Blanche deviendrait madame Hector Beaucastel de Château-Chinon.

FABIEN. Calmez-vous, monsieur Hector... j'épouse Blanche, il est vrai, mais j'édite *Séraphine.*

HECTOR, *avec joie.* Décidément, vous publiez mon roman. (*Regardant Blanche.*) Quelle charmante femme je perds là ! des yeux divins, une taille svelte, élancée... (*A Fabien.*) Format in-octavo, n'est-ce pas ?... (*Regardant Blanche.*) Un cœur d'or ! (*A Fabien.*) Et des gravures sur acier. (*Regardant Blanche.*) Une femme pure et fidèle, qui aurait fait de mon existence un roman de l'amour conjugal. (*A Fabien.*) Avec une préface de l'éditeur...

FABIEN. Je me charge de la préface et du roman ; vous aurez une édition superbe ! (*Passant à côté de Blanche et montrant le portrait de sa grand'mère.**) Mais Blanche avait une autre rivale ; il me sera permis d'aimer celle-là et de garder son portrait.

Mme DE FORBINS. Ce portrait, mon ami, donne-le au baron.

LE BARON, *prenant le portrait.* Oh ! merci, mon Angélique !

HECTOR. Chut !... faites silence !... (*Regardant le public.*) Voici un brillant auditoire, j'ai une proposition à faire.

FABIEN. Qu'est-ce donc ?

HECTOR, *au public.* Permettez que je vous lise la première partie de mon roman. (*Ouvrant son manuscrit.*) O soleil !...

* Hector, Fabien, Blanche, Mme de Forbins, le baron.

FABIEN, *l'interrompant.* Y songez-vous ?

HECTOR. Cela ne durera que cinq petites heures.

FABIEN, *l'écartant.* Laissez-nous plutôt faire une petite réclame pour ma grand'-mère. (*Fabien et le Baron prennent chacun une main de Mme de Forbins.*)

LE BARON, *au public.*

AIR du *Charlatanisme.*

Angélique a des cheveux blancs
Plus de cour, d'attentifs illustres.
Cependant montrez-vous galants ;
Soyez les chevaliers des lustres.

FABIEN, *au public.*

Messieurs, faites-lui les yeux doux ;
Ma grand'mère cherche à vous plaire,
Et nous ne serions pas jaloux,
Si vous vouliez, ainsi que nous,
Être amoureux de la grand'mère.

FIN.

Paris.—Imprimerie de Mme veuve Dondey-Dupré, rue Saint-Louis, 46, au Marais.

MADEMOISELLE DE LA FAILLE, drame en 5 actes.
MAITRE D'ÉCOLE (le), comédie-vaudeville 2 a.
MÉMOIRES DU DIABLE (les), c. v. en 5 actes.
LE MARCHÉ DE SAINT-PIERRE, *idem.*
MARGUERITE FORTIER, *idem.*
LES MILLE ET UNE NUITS, féerie 3 actes 16 tabl.
MEUNIÈRE DE MARLY (la). c.-v., en 1 acte.
MONSIEUR LAFLEUR.
LE NAUFRAGE DE LA MÉDUSE, drame en 5 actes.
NAPOLÉON BONAPARTE, drame en 6 actes, par
    Alex. Dumas.
LA NONNE SANGLANTE, drame en 5 actes.
L'OFFICIER BLEU, drame en 5 actes.
LES ORPHELINS D'ANVERS, *idem.*
L'OUVRIER, drame en 5 actes, par Fréd. Soulié.
LE PAYSAN DES ALPES, drame en 5 actes.
PAUL JONES, d-ame 5 actes, par Alex. Dumas.
PAUVRE MÈRE, dr. en 5 actes, F. Cornu, Auger.
PÈRE TURLUTUTU (le).
1ᵉˢ ARMES DE RICHELIEU (les), c.-v. en 3 actes.
LE PROSCRIT, drame en 5 a., par Fréd. Soulié.
PAUL ET VIRGINIE, drame en 5 actes.
PARIS LA NUIT, *idem.*
PAMÉLA GIRAUD. drame en 5 actes, par Balzac.
PAUVRE FILLE, *idem.*
PARIS LE BOHÉMIEN, *idem.*
PASCAL ET CHAMBORD, com.-vaud. en 2 actes.
LA PLAINE DE GRENELLE, drame en 5 actes.
LA PENSIONNAIRE MARIÉE, vaud. en 2 a. Scribe.
LE PERRUQUIER DE L'EMPEREUR, dame en 5 act.
PIERRE LEROUGE, com.-vaud. en 2 actes.
LES PILULES DU DIABLE, féerie en 18 tableaux.
LES PETITES MISÈRES DE LA VIE HUMAINE, vau-
    deville en 1 acte.
LE PRINCE EUGÈNE ET L'IMPÉRATRICE JOSÉ-
    PHINE, drame en 10 tableaux.

LES PRUSSIENS EN LORRAINE, drame en 5 act.
86 MOINS 1.
QUI SE RESSEMBLE SE GÊNE, vaudev. en 1 acte.
QUAND L'AMOUR S'EN VA, vaudev. en 1 acte.
RENAUDIN DE CAEN, comédie en 2 actes.
RICHE ET PAUVRE, drame en 5 actes, par Émile
    Souvestre
RITA L'ESPAGNOLE, drame 5 actes.
ROMÉO ET JULIETTE, par Frédéric Soulié.
LA SALPÊTRIÈRE, drame en 5 actes.
SERVANTE DU CURÉ (la).
STELLA, ou la Forteresse du Mont des Géants,
    drame en 5 actes.
SANS NOM, folie-vaudeville en 1 acte.
LES SEPT CHATEAUX DU DIABLE, féerie en 5 act.
LA SŒUR DU MULETIER, drame en 5 actes, par
    Bouchardy.
LES SEPT ENFANTS DE LARA, drame en 5 actes.
LA SONNETTE DE NUIT, folie vaudev. en 1 acte.
STÉPHEN, drame en 5 actes.
LA TACHE DE SANG, drame en 3 actes.
LA TRAITE DES NOIRS, drame en 5 actes.
LE TREMBLEMENT DE TERRE DE LA MARTINIQUE,
    drame en 5 actes.
LA TIRELIRE, vaudeville en 1 acte.
THOMAS MAUREVERT, *idem.*
LES TROIS ÉPICIERS, vaudeville en 3 actes.
UN MARIAGE SOUS LOUIS XV, comédie en 3 actes,
    par Alex. Dumas.
UN CHANGEMENT DE MAIN, comédie en 2 actes.
UNE PASSION, vaudeville en 1 acte.
VAUTRIN, drame en 5 actes, par Balzac.
LA VÉNITIENNE, drame 5 actes, A. Bourgeois.
LA VOISIN, drame en 3 actes.

CHEFS-D'ŒUVRE DU THÉATRE FRANÇAIS, A 40 CENTIMES.

ATHALIE, tragédie en 5 actes.
ANDROMAQUE, tragédie en 5 actes.
L'AVARE, comédie en 5 actes.
LE BARBIER DE SÉVILLE, comédie en 4 actes.
BRITANNICUS, tragédie en 5 actes.
CINNA, tragédie en 5 actes.
LE CID, tragédie en 5 actes.
LE DÉPIT AMOUREUX, comédie en 2 actes.
L'ÉCOLE DES FEMMES, comédie en 5 actes.
LES FOLIES AMOUREUSES, comédie en 3 actes.
HAMLET, tragédie en 5 actes.
LES HORACES, tragédie en 5 actes.
IPHIGENIE EN AULIDE, tragédie en 5 actes

LE MARIAGE DE FIGARO, comédie en 5 actes.
MAHOMET, tragédie en 5 actes.
LA MORT DE CÉSAR, tragédie en 5 actes.
LE MISANTHROPE, comédie en 5 actes.
LA MÈRE COUPABLE, comédie en 3 actes.
MÉROPE, tragédie en 5 actes.
LA MÉTROMANIE, comédie en 5 actes.
LE MALADE IMAGINAIRE, comédie en 3 actes.
OTHELLO, tragédie en 5 actes.
PHÈDRE, tragédie en 5 actes.
POLYEUCTE, tragédie en 5 actes.
LE TARTUFE, comédie en 5 actes.
ZAIRE, tragédie en 5 actes.

Pièces nouvelles.

A 50 CENTIMES.

LE CHEVALIER D'HARMENTAL. drame en 5 actes, par MM. Alex. Dumas et Aug. Maquet.
LA GUERRE DES FEMMES, *idem.*
LE CONNÉTABLE DE BOURBON, drame en 5 actes.
LE COMTE HERMANN, drame 5 actes, A. Dumas.
LE MOULIN DES TILLEULS, op.-com. en 1 acte.
BLANCHE ET BLANCHETTE, dr.-vaud. en 5 actes.
LES CHERCHEURS D'OR, drame en 5 actes.
LE PIED DE MOUTON, féerie.
BONAPARTE OU LES PREMIÈRES PAGES D'UNE GRANDE HISTOIRE, en 5 actes.
LES 4 COINS DE PARIS; 5 actes, Paul de Kock.
CAMILLE DESMOULINS, drame en 5 actes.
URBAIN GRANDIER, drame en 5 actes, par MM. Alex. Dumas et Aug. Maquet.
MONCK, ou le Sauveur de l'Angleterre, comédie historique en 5 actes.
DEUX ANGES OU MÈRE ET FILLE, c.-v, en 3 a.
LES CHEVALIERS DU LANSQUENET, dr. 5 actes.
LA MISÈRE, drame en 5 actes.
MAURICE ET MADELEINE, c.-v. en 3 actes.
PAULINE, drame en 5 actes.
BADIGEON 1er, vaudeville en 2 actes.
PRUNEAU DE TOURS, vaudeville en un acte.
ENTRE L'ENCLUME ET LE MARTEAU, v. 1 acte.
CRAVATE ET JABOT, com.-vaud. en 1 acte.
UNE DISCRÉTION, comédie en 1 acte en prose.
LA CHASSE AU CHASTRE, fantaisie en 3 actes, par Alexandre Dumas.
LES FRÈRES CORSES, drame en 3 actes.
LES RUBANS D'IVONNE, comédie en 1 acte.
LA FAMILLE DU MARI, comédie en 3 actes.
LE SAC A MALICES, féerie en 3 actes.

A 25 CENTIMES.

LA VIE DE NAPOLÉON, récit en un acte.
LA DERNIÈRE NUIT D'ANDRÉ CHÉNIER, monologue en un acte.
UNE VISION DU TASSE, monologue en 1 a. en vers.
JEANNE D'ARC EN PRISON, monologue.
LE CONGRÈS DE LA PAIX, vaudeville en 1 acte.
LE TREMBLEUR, comédie-vaudeville en 2 actes.
LA MORT DE GILBERT, monologue en vers.
UNE MAUVAISE NUIT EST BIENTOT PASSÉE, comédie-proverbe.
UNE BONNE FILLE, comédie-vaudeville en 1 acte.
LA FACTION DE M. LE CURÉ, vaudeville en 1 acte.
LA CHUTE DES FEUILLES, proverbe en 1 acte.
LE CACHEMIRE VERT, 1 acte, Alex. Dumas.
LA CUISINIÈRE BOURGEOISE, vaud. en 2 actes.
CAMILLE DESMOULINS, monologue dramatique.
LES CHERCHEUSES D'OR, Folie-Vaudeville.
AH ! QUE LES PLAISIRS SONT DOUX ! vaudeville.
L'AUBERGE DE SCHAWASBACH, pièce en 1 acte. par M. Alex. Dumas.
CHATTERTON, monologue.
LE ROSSIGNOL DES SALONS, vaudeville en 1 acte.

HORACE ET LYDIE, comédie de PONSARD, jouée par Mlle Rachel. Prix, 1 fr. 50.
FRANÇOIS LE CHAMPI, comédie en 3 actes, en prose, par Mme GEORGES SAND. Prix, 1 fr. 50 c.

CHEZ LE MÊME ÉDITEUR.

Shakspeare. OEuvres complètes, traduction de BENJAMIN LAROCHE, deux volumes grand in-8, à deux colonnes, avec gravures.. 20 »
LE MÊME, sans gravures.. 16 »
Schiller. OEuvres dramatiques, traduction de M. DE BARANTE, un grand volume in-8° à deux colonnes, avec gravures.. 8 »
LE MÊME, sans gravures.. 6 »
Picciola, par SAINTINE, édition illustrée par TONY JOHANNOT et NANTEUIL, un beau volume avec gravures et vignettes sur bois.. 9 »
Galerie des Femmes de Walter Scott. Kepsake contenant les portraits des Héroïnes de Walter Scott, gravés sur acier, par les premiers artistes anglais, avec texte par ALEX. DUMAS, F. SOULIÉ, JULES JANIN, E. SOUVESTRE, L. REYBAUD, MICHEL MASSON; Mmes ANCELOT TASTU, DESBORDES WALMORE, VOYARD, BELLOC et COLLET.
Un beau volume in-8°, imprimé avec luxe.. 10 »

Paris. — Imprimerie Dondey-Dupré, rue Saint-Louis, au Marais, 46